U0076703

伽利略
0

Contents

# 質數也可以稱為整數的「元素」

無法做「質因數分解」的整數就是質數

**質**數是指「2 以上的整數中，只能被 1 及其本身整除的數」。例如，整數的 3，只能被1及其本身 3 整除，所以 3 是質數。

像 3 這樣只有 1 位數的整數，或許很容易判斷它是不是質數。那如果是比較大的整數，要如何判斷它是不是質數呢？

要調查某個整數是不是質數，有個方法，就是把它做「質因數分解」。所謂質因數分解，是指把整數記成質因數（質數）相乘的形式。而能做質因數分解的整數，就代表能被 1 及其本身以外的數整除，也就是說，它不是質數。

2 以上且非質數的整數，能夠「分解」成質數相乘的形式。質數也可以稱為整數的「元素」，因此，有時也稱為「素數」（prime number）。

什麼是質因數分解？

$$
\begin{array}{r}
2\ )\ 36 \\
2\ )\ 18 \\
3\ )\ 9 \\
3
\end{array}
$$

質因數

$$36 = 2 \times 2 \times 3 \times 3$$

當質數成為能把某個數整除的數（因數）時，即稱為這個整數的質因數。例如，上方36的質因數為 2 和 3。

**試算看看36是不是質數！**

要將一個整數做質因數分解，就是把這個整數用小的質數依序去除。第一步，用最小的質數 2 去除看看。如果除不盡，就改用較大的質數 3 去除看看。依此類推。

例如整數36，可以做質因數分解，記成「2×2×3×3」。因此，它不是質數。

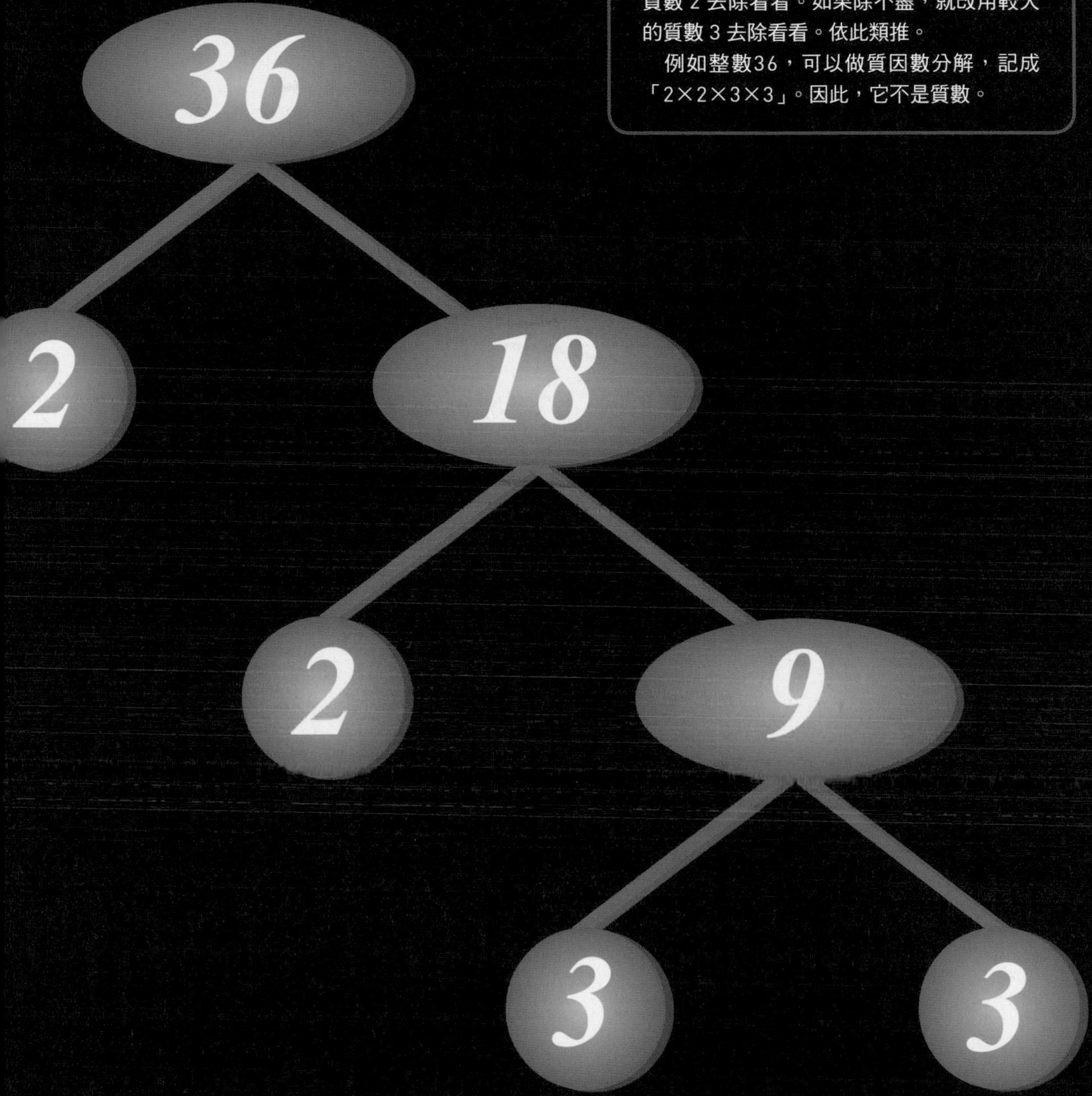

# 1～100的整數當中，有哪些是質數？

把整數逐一做質因數分解太累了！

右頁的數板上寫著 1～100 的整數。在這些數字當中，有哪幾個數是質數？

要確認一個整數是不是質數，最基本的方法就是把這個整數做質因數分解看看（第 2 頁）。但是，如果想要確認的整數非常多，一個一個做質因數分解，也太累了吧！那麼，有沒有什麼好方法呢？

## 哪個整數是質數？

右頁的數板上寫著 1～100 的整數，其中有哪些是質數呢？（答案見第 6 頁）

註：整數 1 不是質數。因為如果 1 是質數，質因數分解的結果就不會只有一種（第18頁）。

　　任何正整數如果在做質因數分解時，忽略質因數的排列順序，則必定只有一種結果。這稱為「質因數分解的唯一性」。

1～100的數板

| 1 | 2 | 3 | 4 | 5 | 6 | 7 | 8 | 9 | 10 |
|---|---|---|---|---|---|---|---|---|---|
| 11 | 12 | 13 | 14 | 15 | 16 | 17 | 18 | 19 | 20 |
| 21 | 22 | 23 | 24 | 25 | 26 | 27 | 28 | 29 | 30 |
| 31 | 32 | 33 | 34 | 35 | 36 | 37 | 38 | 39 | 40 |
| 41 | 42 | 43 | 44 | 45 | 46 | 47 | 48 | 49 | 50 |
| 51 | 52 | 53 | 54 | 55 | 56 | 57 | 58 | 59 | 60 |
| 61 | 62 | 63 | 64 | 65 | 66 | 67 | 68 | 69 | 70 |
| 71 | 72 | 73 | 74 | 75 | 76 | 77 | 78 | 79 | 80 |
| 81 | 82 | 83 | 84 | 85 | 86 | 87 | 88 | 89 | 90 |
| 91 | 92 | 93 | 94 | 95 | 96 | 97 | 98 | 99 | 100 |

# 有什麼方法能夠只挑出質數？

## 消去質數的倍數，就可以只留下質數

古希臘的數學家埃拉托斯特尼（Eratosthenes，約前276～約前194）發現了從許多連續的整數中挑出質數的方法。這個方法稱為埃拉托斯特尼質數篩選法（sieve of Eratosthenes），或簡單地稱之為「消去法」。

首先，把所有想要調查的整數做成一覽表。第一步先消去 2 的倍數（但因為 2 為質數，所以留下）。接著，從剩下的整數當中消去 3 的倍數（但因為 3 為質數，也留下）。再從剩下的整數當中消去 5 的倍數（但因為5為質數，也留下）。依此類推，逐一消去質數的倍數，最後就只剩下質數了。

這個方法既單純又土法煉鋼。但是，過了2000多年，到現在還找不到比埃拉托斯特尼質數篩選法更好的方法。現在就算用電腦挑出質數，基本上也是在消去質數的倍數，只是把計算的工作委託給電腦而已。

## 埃拉托斯特尼質數篩選法

埃拉托斯特尼發現的方法。把質數的倍數依序消去，就會只留下質數。不必一直做質因數分解到最後，能夠有效率地消去質數以外的整數。

偶數都是 2 的倍數，所以 2 以外的偶數都不是質數。也就是說，2 以外的質數全都是奇數。

右圖凡例

 …2 的倍數　　 …5 的倍數

 …3 的倍數　　 …7 的倍數

質數以外的數被篩除後的結果

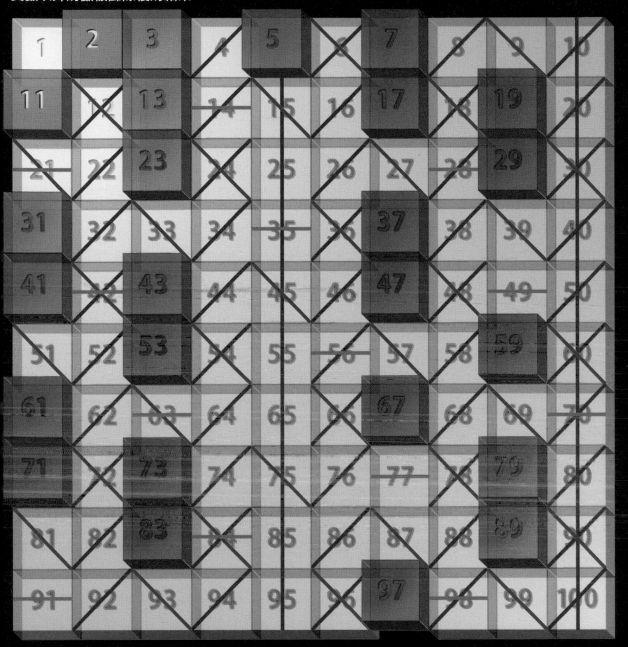

註：利用埃拉托斯特尼質數篩選法，接著要消去的整數是「11的倍數」。但是在11的倍數中，接著要消去的整數既不是 2 的倍數，也不是3的倍數、5 的倍數或 7 的倍數，而是121（11×11）。不過在這裡，121比100大，因此不必再繼續進行消去質數倍數的作業了。

# 棲息於美國的「質數蟬」是什麼？

## 質數蟬以13年或17年的週期羽化

**羽化的質數蟬**

17年週期的質數蟬（*Magicicada septendecim*）成蟲。剛從幼蟲羽化的成蟲為白色，隨時間經過，逐漸變成照片中的黑色。質數蟬成蟲的體長（從頭部到腹部尾端）為2～3公分。

**美**國有一種蟬，每隔13年或17年會羽化（幼蟲從地下爬出地面而長為成蟲）。因為13和17都是質數，所以把這種蟬稱為「質數蟬」，也稱為「週期蟬」（periodic cicada）※。

每隔13年會羽化的質數蟬稱為十三年蟬，主要棲息於美國南部，而每隔17年會羽化的質數蟬稱為十七年蟬，主要棲息於美國北部。質數蟬的羽化週期為13年或17年，可能不是出於偶然，正因為13和17是質數的關係。那為什麼會這樣呢？

※：質數蟬羽化的週期可能是由基因決定的。
另一方面，質數蟬以外的一般蟬，羽化為成蟲的年數各有不同，所以可能是依環境而決定。

# 「質數蟬」的羽化週期為什麼是質數？

## 質數與其他數的最小公倍數會比較大

科 學家推測，質數蟬的祖先也曾以質數外的週期羽化。

羽化週期不同的各個族群，久久會發生一次在同年羽化的狀況。這一年就相當於羽化週期的最小公倍數。羽化週期不同的雄蟲和雌蟲交配後，有機會產下羽化週期和親代不一樣的子代。其結果，可能會造成以同一週期羽化的個體減少，進而導致族群縮小。羽化週期不同的各個族群，最好不要在同一年羽化，比較有利於維持族群的個體數。

以質數週期羽化的族群，和羽化週期不同的其他族群，在同年羽化的機率可能比較小。因為質數除了1及其本身以外，沒有其他因數，所以和其他數的最小公倍數會比較大。因此，現代的質數蟬羽化週期才會是質數。

### 質數蟬的祖先在同年羽化的機率

主要棲息於美國南部的質數蟬，其祖先似乎有以12年、13年、14年、15年為週期羽化的族群（十二年蟬、十三年蟬、十四年蟬、十五年蟬）。

主要棲息於美國北部的質數蟬，其祖先似乎有以14年、15年、16年、17年、18年為週期羽化的族群（十四年蟬、十五年蟬、十六年蟬、十七年蟬、十八年蟬）。

美國南部的質數蟬祖先在同一年羽化的機率

| | 12年蟬 | 13年蟬 | 14年蟬 | 15年蟬 |
|---|---|---|---|---|
| 12年蟬 | — | 156年1次 | 84年1次 | 60年1次 |
| 13年蟬 | 156年1次 | — | 182年1次 | 195年1次 |
| 14年蟬 | 84年1次 | 182年1次 | — | 210年1次 |
| 15年蟬 | 60年1次 | 195年1次 | 210年1次 | — |

13為質數，所以十三年蟬和不同羽化週期的其他族群在同年羽化的機率會變小。可能因為這樣有利於其維持族群的個體數，所以能不滅絕而持續生存到現在。此外，14和15並非質數，但它們沒有共同的因數（公因數），所以十四年蟬和十五年蟬在同年羽化的機率，減少到210年才1次。

美國北部的質數蟬的祖先在同一年羽化的機率

| | 14年蟬 | 15年蟬 | 16年蟬 | 17年蟬 | 18年蟬 |
|---|---|---|---|---|---|
| 14年蟬 | — | 210年1次 | 112年1次 | 238年1次 | 126年1次 |
| 15年蟬 | 210年1次 | — | 240年1次 | 255年1次 | 90年1次 |
| 16年蟬 | 112年1次 | 240年1次 | — | 272年1次 | 144年1次 |
| 17年蟬 | 238年1次 | 255年1次 | 272年1次 | — | 306年1次 |
| 18年蟬 | 126年1次 | 90年1次 | 144年1次 | 306年1次 | — |

17為質數，所以十七年蟬和不同羽化週期的其他族群在同年羽化的機率會變小。可能因為這樣有利於其維持族群的個體數，所以能夠不滅絕而持續生存到現在。

## 第1題

# 用1～9這9個數字能製造出質數嗎？

現在馬上來做個測試。準備9張卡片，每張依序寫上1～9的數字。

把這9張卡片試著自由排列，成為9位數的整數。你能不能排得出質數呢？

告訴你一個小祕訣。把各個位數的數字加起來，所得到的整數如果可以被3整除，那麼原來排成的整數也可以被3整除。

用9張卡片排成9位數的整數範例

2 4 7 6 3 8 9 5 1

❯ 答案請見第14頁

## 第2題

# 這個數是質數嗎？

這裡有 8 個整數，分別是 31、331、3331、33331、333331、3333331、33333331、333333331。

這 8 個整數中，有 7 個是質數，只有 1 個不是質數。那麼，哪些是質數，哪一個不是質數呢？

告訴你一個小祕訣。這 8 個整數中，不是質數的那個可以被 17 整除。請使用計算機算算看吧！

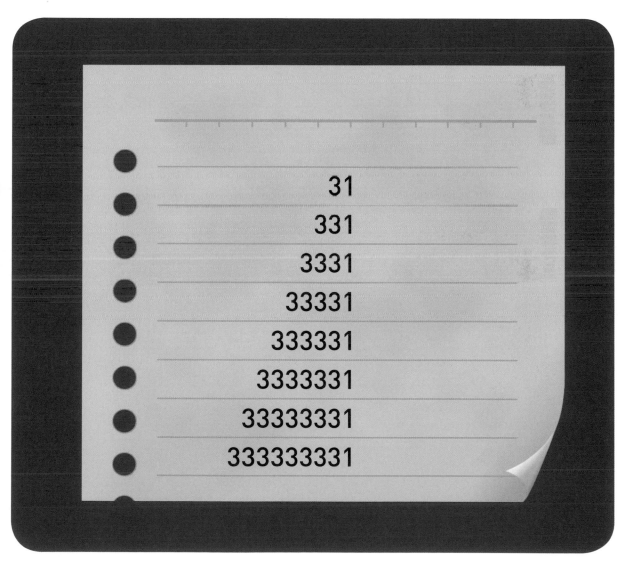

31
331
3331
33331
333331
3333331
33333331
333333331

▶ 答案請見第15頁

## 解答 第1題

這 9 張分別寫著 1～9 的卡片，無論怎麼排列，都無法排出質數。

把這 9 張卡片的數字全部加起來，等於45。因為45能被 3 整除，由 1～9 的數字所排成的 9 位數，就能被 3 整除。因此，無論把這 9 張卡片如何排列，都無法排出質數。

把 9 張卡片排成 9 位數的整數範例

## 2 4 7 6 3 8 9 5 1

把247638951各位數的數字全部加起來，得到的整數是45，可以被 3 整除。

2＋4＋7＋6＋3＋8＋9＋5＋1＝45

45÷3＝15

所以，247638951是 3 的倍數，並非質數。

不只247638951，任何一個由1～9這 9 個數字排成的 9 位數整數，把它各位數的數字加起來，都會得到45這個整數。

## 解答 第2題

8 個整數之中，31，331，3331，33331，333331，3333331，33333331 都是質數，只有333333331不是質數，因為只有333333331能被17整除。

這道題目，如果沒有「能被17整除」這個提示，想要得到答案將變得非常困難。數字很大的整數中，如果其因數含有很大的質數，會很難把它找出來。

$$333333331 \div 17 = 19607843$$

31　質數

331　質數

3331　質數

33331　質數

333331　質數

3333331　質數

33333331　質數

333333331　不是質數

# 正確判斷質數的「威爾遜定理」

因為計算量太過龐大，並不實用

在本章的最後，將要介紹能100％判定一個整數是否為質數的「威爾遜定理」（Wilson's theorem）。

假設現在想要確認一個整數 $p$ 是不是質數。就可運用「威爾遜定理」，「把 1 到（$p-1$）的數全部乘起來，再除以 $p$，如果餘數為（$p-1$），則 $p$ 為質數」。

舉例來說，整數13，從 1 到（13－1）的數全部乘起來，所得到的積為 479001600（1×2×3×4×5×6×7×8×9×10×11×12＝479001600）。把這個數除以13，得到的商為36846276，餘數為12，即為（13－1），所以13為質數。

但是，威爾遜定理用起來，沒有比埃拉托斯特尼質數篩選法（第 6 頁）方便，並不足以取代它。例如，想要確認整數10001是否為質數時，必須進行多達 1 萬次的乘法計算才行，所以並不實用。

## 威爾遜定理與計算結果

右頁表格為利用威爾遜定理判定從 2 到13的整數是否為質數的結果。當 $p$ 為 2、3、5、7、11、13 時，計算結果是（$p-1$）。因此，從 2 到13的整數中，2、3、5、7、11、13為質數。

威爾遜定理

假設現在想確認一個整數 $p$ 是否為質數。
把 1 到（$p-1$）的數全部乘起來，再除以 $p$，如果餘數為（$p-1$），
則 $p$ 為質數。

計算結果

| $p$ | 把 1 到（$p-1$）的數全部乘起來的結果 | 把左邊的數除以 $p$ 得到的餘數 | 判定是否為質數 |
|---|---|---|---|
| 2 | 1 | $1 = (p-1)$ | 質數 |
| 3 | 2 | $2 = (p-1)$ | 質數 |
| 4 | 6 | 2 | 不是質數 |
| 5 | 24 | $4 = (p-1)$ | 質數 |
| 6 | 120 | 0 | 不是質數 |
| 7 | 720 | $6 = (p-1)$ | 質數 |
| 8 | 5040 | 0 | 不是質數 |
| 9 | 40320 | 0 | 不是質數 |
| 10 | 362880 | 0 | 不是質數 |
| 11 | 3628800 | $10 = (p-1)$ | 質數 |
| 12 | 39916800 | 0 | 不是質數 |
| 13 | 479001600 | $12 = (p-1)$ | 質數 |

# 為什麼「1」
# 不是質數呢？

質數是指「除了1及其本身外，不含其他因數的正整數」。1只能被1整除，所以會讓人以為它是貨真價實的質數吧！但其實1並不是質數。

以下的①和②，是從以前就被證明的「算術的基本定理」。

①2，3，4……及接下去的數，都是由質數或乘上質數所構成的合數（composite number）。

②構成合數的質數組合（質數的種類及其個數）只有一種。

如果1是質數，那麼「構成合數的質數組合只有一種」就無法成立了，亦即不符合「算術的基本定理」。例如15，可以寫成「1×3×5」，也可以寫成「1×1×3×5」或「1×1×1×3×5」因此數學家們在討論之後，決定不把1當成質數。

$$15 = 3 \times 5$$

$$15 = 1 \times 3 \times 5$$

$$15 = 1 \times 1 \times 3 \times 5$$

$$15 = 1 \times 1 \times 1 \times 3 \times 5$$

如果「1」是質數,那麼「15」就可以寫成上述多種算法,這麼一來,就會不符合「算術的基本定理」,因此不把 1 當成質數。

# 1089位數的神奇質數是什麼？

行、列與對角線全都是質數，反過來也是！

在　眾多的質數當中，有一些非常奇妙的質數。

右頁是一個以 3 開頭的1089位數質數，從左上角寫到右下角，一共寫了33個數字×33行。這個數字的集合具有非常奇妙的性質。

首先，橫向的33列數字（藍線），從左往右讀去，每一列都是一個質數。接著，縱向的33行數字（咖啡色線），從上往下讀去，每一行也都是一個質數。再來，兩條對角線上的數字（綠線），從上方往斜下方讀去，也都是質數。也就是說，各行、各列與各對角線全部都是質數。

這樣就已經很讓人吃驚了，但更讓人驚訝的是把33行數字反過來讀，還有把33列數字反過來讀，甚至把 2 條對角線的數字反過來讀，竟然也全部都是質數。

右頁這個以 3 開頭的1089位數的奇妙質數，是由安德森（Jens Kruse Andersen）發現並投稿到「Prime Curios！」發表。「Prime Curios！」這個網站是由美國維吉尼亞州的高中數學及科學教師何納克（G.L. Honaker Jr.），和田納西州田納西大學馬丁分校的數學及統計學教授卡爾德威爾（Chris K. Caldwell）所建立。在這個網站中，還發表了許多奇妙的質數。請務必參閱第22～25頁。

「Prime Curios！」的網址：
　　　https://primes.utm.edu/curios/
以 3 開頭的1089位數的質數頁面：

3 1 3 9 9 1 3 9 9 3 7 1 1 9 9 1 3 1 1 3 9 7 9 9 3 3 3 1 9 1 1 3 7 7
1 4 7 5 2 9 8 9 5 9 4 1 9 9 1 5 8 7 8 7 9 4 5 6 3 6 1 4 1 6 7 9 3
3 4 3 7 7 7 5 4 2 8 9 8 5 2 5 7 5 5 1 7 1 3 3 3 1 2 6 8 4 2 6 9
9 4 3 6 9 5 9 7 8 9 4 6 6 4 4 5 1 6 6 5 6 4 8 9 6 1 5 3 6 9 8 1
3 5 4 9 7 7 3 7 5 9 3 5 6 7 3 4 1 8 7 9 5 2 8 7 3 6 9 4 9 4 1 8 9
3 7 3 4 7 8 6 2 3 6 4 1 2 3 9 1 6 2 9 1 9 3 7 9 2 6 9 2 9 4 3 1 9
9 4 1 8 7 1 9 8 5 7 9 4 9 3 3 3 9 9 7 3 9 2 3 5 5 2 3 6 9 1 6 5 7
1 5 4 8 3 7 8 8 9 1 1 7 8 3 4 2 3 6 2 1 9 4 4 9 6 5 8 2 9
1 1 7 1 2 9 5 2 2 8 9 5 4 8 8 2 2 6 1 2 4 4 9 7 1 6 4 3 6 5 1
1 1 2 7 9 7 8 6 8 1 1 8 7 2 2 4 7 5 1 2 3 6 7 3 1 8 7 1 8 3 5 9
9 5 4 5 3 3 2 7 5 6 8 5 1 1 5 2 8 4 5 6 7 3 5 5 4 3 4 3 8 3 4 2 3
9 5 8 3 2 4 1 2 9 2 7 9 2 4 2 5 7 1 5 4 3 9 5 6 2 4 4 3 1 2 5 9
1 4 9 6 5 6 7 1 4 9 9 1 6 4 1 4 8 7 4 7 2 2 7 1 5 9 7 9 8 1 1 9
9 1 5 5 3 1 7 8 9 3 9 6 8 9 3 1 4 9 2 6 5 5 4 9 9 8 5 6 7 3 8 9
1 8 9 1 7 1 1 8 4 3 7 8 4 1 1 3 5 6 8 7 9 9 6 6 7 3 2 5 1 9
3 9 5 7 6 9 6 3 4 4 8 4 9 4 6 4 8 4 1 5 5 7 3 6 8 5 9 1 9 5 7 7 3
9 7 6 4 8 5 5 8 7 5 9 8 8 1 1 7 1 3 1 9 6 9 2 2 7 7 2 6 4 8 3 9
9 7 4 2 4 1 3 2 5 9 6 6 5 7 9 8 1 1 1 5 6 6 3 1 4 8 4 5 9 5 4 5 5 1
3 4 4 3 2 1 2 9 2 7 9 2 1 7 8 5 8 3 2 1 8 1 5 5 7 1 1 1 4 3 6 1 1
1 3 5 4 9 9 3 2 4 7 2 9 4 6 9 2 3 2 6 7 9 6 4 3 2 1 2 6 4 4 5 1
1 5 5 5 4 4 7 2 6 5 9 4 4 5 4 6 4 3 1 9 3 6 2 3 6 2 6 9 5 7 7 1
3 2 4 8 9 5 1 1 4 4 9 6 1 2 8 4 7 4 8 9 6 3 7 5 1 5 7 5 9 7 6 5 9
9 7 4 2 4 6 4 6 7 3 1 5 9 3 6 9 1 1 5 3 1 7 9 2 2 8 8 2 3 9 2 4 9
1 3 6 4 9 4 3 2 7 8 8 8 4 5 7 2 8 8 3 1 6 1 1 7 2 8 8 5 7 6 3 9
3 4 3 3 7 4 4 9 4 9 3 2 2 1 5 6 1 7 3 8 9 5 9 3 3 9 1 4 1 3 4 7
1 1 9 1 3 3 2 6 5 3 2 1 9 1 1 9 6 1 2 9 8 4 1 6 3 6 4 9 4 8
3 5 5 6 6 2 4 6 3 1 9 5 2 9 5 6 1 8 8 1 2 7 6 4 8 7 8 4 8 4 6 5 9
3 6 1 8 1 3 6 4 6 1 3 1 9 1 9 1 3 1 5 7 4 5 6 6 3 2 9 2 8 1 6 9 5 1 3
7 4 7 2 3 1 2 2 4 1 3 8 4 2 5 9 6 2 2 4 3 4 3 3 7 1 1 4 5 4 8 7
7 4 5 9 5 4 4 1 2 5 8 7 4 8 4 8 3 7 9 3 3 2 3 8 6 4 2 2 7 8 8 5 1
9 5 1 4 8 5 4 7 5 6 4 5 1 9 9 9 9 6 9 6 8 9 5 2 7 9
1 1 8 7 3 7 6 2 6 3 9 2 4 2 1 9 6 1 4 3 7 4 2 5 7 7 8 1 9 1 1 7
9 1 7 3 1 9 1 9 9 7 9 9 9 9 9 7 7 7 3 7 1 3 1 1 3 7 1 9 9 9 7 9 3 3 9 3

# 產生質數的不可思議數字

從 2、3、5、7 產生出來的各種質數

從 2、3、5、7 產生的質數

$$2+3+5+7$$

$$2^2+3^3+5^5+7^7$$

$$2^{19}+3^{19}+5^{19}+7^{19}$$

$$2^{1013}+3^{1013}+5^{1013}+7^{1013}$$

個位數的質數有2、3、5、7共4個。非常有趣的是，把這4個數字做排列組合，可以產生非常多質數。

第一個是「2357」。這個4位數的質數是從「2」開始數的第350個質數。接著，「2+3+5+7」（＝17）也是質數。「$2^2+3^3+5^5+7^7$」（＝826699）同樣也是質數。2、3、5、7還可以組成下面的各式各樣質數。

或許你會認為這其中可能存在著某種規則吧！但截至目前為止，並沒有發現這樣的規則。2、3、5、7真是充滿了趣味性、深奧度和神祕感的數字。

https://primes.utm.edu/curios/page.php/2357.html

$$2 \times 3 \times 5 \times 7 + 2 + 3 + 5 + 7$$

$$2 \times 3 \times 5 \times 7 - 2 - 3 - 5 - 7$$

$$2357223335555577777772357$$

2有2個　3有3個　　5有5個　　　　7有7個

# 以質數顯現出文字

在排列方式上用點心思，會顯現出具有意義的文字

在眾多質數之中，有些只要花些工夫把它排列成特殊的型式，就會呈現出奇妙的圖案。

本頁下方有一個81位數的質數。81為9×9，所以設定一個邊長各有9個數字的方形表格，然後把下方的質數填進去，就會發現2、3、5、7這幾個數字分別排列成正方形。

右頁下方為一個由 1 和 5 構成的517位數的質數。517為47×11，

從81位數的質數中，顯現出由相同數字排成的正方形

$$
\begin{array}{ccccccccc}
3 & 3 & 3 & 3 & 3 & 3 & 3 & 3 & 3 \\
3 & 2 & 2 & 2 & 2 & 2 & 2 & 2 & 3 \\
3 & 2 & 5 & 5 & 5 & 5 & 5 & 2 & 3 \\
3 & 2 & 5 & 7 & 7 & 7 & 5 & 2 & 3 \\
3 & 2 & 5 & 7 & 7 & 7 & 5 & 2 & 3 \\
3 & 2 & 5 & 7 & 7 & 7 & 5 & 2 & 3 \\
3 & 2 & 5 & 5 & 5 & 5 & 5 & 2 & 3 \\
3 & 2 & 2 & 2 & 2 & 2 & 2 & 2 & 3 \\
3 & 3 & 3 & 3 & 3 & 3 & 3 & 3 & 3
\end{array}
$$

上方的質數：333333333322222222325555523325777523325777523325777523325555523322222222233333333333

所以設定一個長有47個數字、寬有11列的方形表格，然後把下方的質數填進去。填完後仔細一看，神奇的事情發生了。周圍浮現出由1構成的外框，框內竟然排列出「PRIME」這個英文字（質數的英文就是prime number）。

後面將會提到質數的數量有無限多個的特性。在如此眾多的質數當中，會有一些質數能夠顯現出這類的「圖案」，應該不足為奇吧！

這兩頁質數皆摘自 https://primes.utm.edu/curios/
左頁： 　　右頁：

### 從517位數的質數中，顯現出「PRIME」

$$
\begin{array}{l}
11111111111111111111111111111111111111111111111 \\
1555555555555555555555555555555555555555555555555551 \\
1551111111555511111555511111155111111115511111155551 \\
1551155115515515555155551551155115551155115555551551 \\
\cdots
\end{array}
$$

上方的質數：1111111111111111111111111111111111111111111111115555555555555555555555555555555
55555555115511115551111555111115515555555555551551111155115515551551555515555115555555555511551
55555511551555155155555515555515155555515155511155511155111155111155555155551551555555155155155
5555115515555515515555555515555155155555515551551555555115155555515551555515555155551515555515515555
5511551555555155155155111115515555555555515511111155111551555555555555555555555555555555555555555
11111111111111111111111111111111111111111111111

# 小心乍看像質數的數字

在看到各式各樣數字的時候，有些數字在直覺上會認為它似乎是質數。在100以下的數字當中，最有可能發生這種錯覺的數字，大概是51、57、87、91這幾個吧！不過，無論這些數字看起來多麼像質數，但它們卻都是合數，而非質數。

上面所舉例的4個數字當中，57特別稱為格羅滕迪克質數（Grothendieck prime），名稱來自法國知名數學家格羅滕迪克（Alexander Grothendieck，1928～2014）。據說他在關於質數的演講當中，舉出57做為質數的例子。

100 以下的合數容易被誤認為質數的例子

$$51 = 3 \times 17$$

$$57 = 3 \times 19$$

$$87 = 3 \times 29$$

$$91 = 7 \times 13$$

# 質數有無限多個！
## 如果質數的數量有限，便會產生矛盾

我們已經知道質數有無限多個。第一個證明這件事的人，據說是古希臘數學家歐幾里德（Euclid，約前325～約前265）。他的方法如下所述。

假設質數只有 2、3、5 這 3 個。把這些數量有限的質數相乘的積再加 1，得到的整數為31（2×3×5＋1＝31），2、3、5 都無法把它整除。如果最初假設「質數只有 2、3、5 這 3 個」是正確的，那應該所有的整數都能用 2、3、5 的乘法來表示才對，所以31無法被 2、3、5 整除這件事，便與最初的假設產生了矛盾。也就是說，最先假設「質數只有 2、3、5 這 3 個」是錯誤的，亦即有第 4 個質數存在。

同樣地，如果質數有 $n$ 個（有限多個），就表示有第 $n+1$ 個質數存在。由此可證，質數數量沒有限制，有無限多個。

### 31無法被 2、3、5 整除

31這個整數無論用 2、3、5 去除，都會有餘數 1，無法整除。也就是說，除了 2、3、5 這 3 個質數之外，還有第 4 個質數存在。在這個例子中，31本身就是一個質數。

$$31 = 2 \times 15 + 1$$

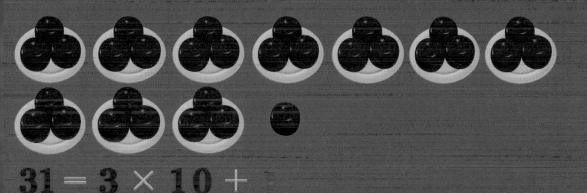

$$31 = 3 \times 10 + 1$$

$$31 = 5 \times 6 + 1$$

# 能夠列出「製造質數的公式」嗎？

神祕的質數總是從意想不到的地方冒出來

**埃**拉托斯特尼質數篩選法（第6頁）能把質數滴水不漏地全部挑出來。不過，雖然它能夠從既定範圍的整數中挑出質數，卻無法得知質數的普遍性質。

如果有一個公式可以製造出所有的質數，或許就能得知質數的普遍性質吧！但是就現實而言，不要說能製造出所有質數的公式，目前連能製造出部分質數的公式，一個都沒有[※]。質數就是這樣，總是神祕兮兮地從意想不到的地方冒出來。

法國數學家費馬（Pierre de Fermat，約1607～1665）猜想「以$2^{2^n}+1$計算出來的數會是質數」。因為在$n$為0、1、2、3、4時，計算出來的數即為質數。但是到目前為止，也就只有$n$為0、1、2、3、4的時候，計算結果為質數。

※：有計算量過於龐大而不實用的數學公式存在（第16頁）。

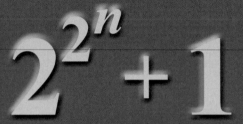

$$2^{2^n}+1$$

費馬
（Pierre de Fermat，約1607～1665）

## 費馬的猜想

和費馬的猜想不一樣，$2^{2^n}+1$ 的計算結果，只有在 $n$ 為 0、1、2、3、4 時才會成為質數。目前已經知道，若 $n$ 為 5～32 的話，計算結果並不是質數。

| $n$ | $2^{2^n}+1$ |
|---|---|
| 0 | $2^1 + 1 = 3$ 質數 |
| 1 | $2^2 + 1 = 5$ 質數 |
| 2 | $2^4 + 1 = 17$ 質數 |
| 3 | $2^8 + 1 = 257$ 質數 |
| 4 | $2^{16} + 1 = 65537$ 質數 |
| 5 | $2^{32} + 1 = 4294967297$ 不是質數 |
| 6 | $2^{64} + 1 =$ （20 位數的數） 不是質數 |
| 7 | $2^{128} + 1 =$ （39 位數的數） 不是質數 |
| 8 | $2^{256} + 1 =$ （78 位數的數） 不是質數 |
| 9 | $2^{512} + 1 =$ （155 位數的數） 不是質數 |
| 10 | $2^{1024} + 1 =$ （309 位數的數） 不是質數 |
| 11 | $2^{2048} + 1 =$ （617 位數的數） 不是質數 |

# 梅森修道士猜想的質數是什麼？

## 梅森的猜想並不正確

經常和費馬等人書信往來的法國天主教修道士梅森（Marin Mersenne，1588～1648），大膽地做出了以下猜想：「當 $n$ 為257以下時，以 $2^n-1$ 計算出來的數，在 $n$ 為 2、3、5、7、13、17、19、31、67、127、257時，會成為質數」。

以 $2^n-1$ 計算出來的整數稱為「梅森數」（Mersenne number），其中的質數稱為「梅森質數」（Mersenne prime）。當 $n$ 為極大數時，梅森數也會是極大的整數，因此當時無法立即判斷梅森的猜想是否正確。

而後，由法國數學家盧卡斯（François Lucas，1842～1891）於1878年發表，再於1930年代經由美國數學家萊默（Derrick Lehmer，1905～1991）加以改良的「盧卡斯—萊默質數判定法」（Lucas—Lehmer primality test），才證明了梅森數不是質數，得以明白梅森的猜想並不正確。

$$2^n-1$$

梅森
（ Marin Mersenne，1588～1648 ）

## 梅森的猜想

和梅森的猜想相反，當 $n$ 為257以下時，只有在 $n$ 為2、3、5、7、13、17、19、31、61、89、107、127時，梅森數才會成為質數。

| $n$ | $2^n-1$　［質數後面的（　）為發現的年份］ |
|---|---|
| 1 | $2^1-1=1$　不是質數 |
| 2 | $2^2-1=3$　質數（古代） |
| 3 | $2^3-1=7$　質數（古代） |
| 4 | $2^4-1=15$　不是質數 |
| 5 | $2^5-1=31$　質數（古代） |
| 6 | $2^6-1=63$　不是質數 |
| 7 | $2^7-1=127$　質數（古代） |
| 8 | $2^8-1=255$　不是質數 |
| 9 | $2^9-1=511$　不是質數 |
| 10 | $2^{10}-1=1023$　不是質數 |
| 11 | $2^{11}-1=2047$　不是質數 |
| 12 | $2^{12}-1=4095$　不是質數 |
| 13 | $2^{13}-1=8191$　質數（1456年） |
| 14 | $2^{14}-1=16383$　不是質數 |
| 15 | $2^{15}-1=32767$　不是質數 |
| 16 | $2^{16}-1=65535$　不是質數 |
| 17 | $2^{17}-1=131071$　質數（1588年） |
| 18 | $2^{18}-1=262143$　不是質數 |
| 19 | $2^{19}-1=524287$　質數（1588年） |
| 31 | $2^{31}-1=2147483647$　質數（1772年） |
| 61 | $2^{61}-1=$（19位數的數）質數（1883年）……梅森的猜想錯誤 |
| 67 | $2^{67}-1=$（21位數的數）不是質數　……梅森的猜想錯誤 |
| 89 | $2^{89}-1=$（27位數的數）質數（1911年）……梅森的猜想錯誤 |
| 107 | $2^{107}-1=$（33位數的數）質數（1914年）……梅森的猜想錯誤 |
| 127 | $2^{127}-1=$（39位數的數）質數（1876年） |
| 257 | $2^{257}-1=$（78位數的數）不是質數　……梅森的猜想錯誤 |

# 歐拉也曾經挑戰「製造質數的公式」

**歐拉的式子能夠製造出連續的40個質數**

瑞士有名的天才數學家歐拉（Leonhard Euler，1707～1783）也構思了好幾個能製造出質數的公式。其中一個即為歐拉的二次式「$n^2-n+41$」。

歐拉的二次式所製造的整數，在 $n$ 為1～40的時候，竟然全部都是質數。但是，歐拉的二次式也不是萬能。當 $n$ 為41以上時，在歐拉的二次式所製造的整數之中，會夾雜著不是質數的數。

現在已經證明了，像「$n^2-n+41$」這類的公式（多項式）並不是只會製造出質數。

$$n^2-n+41$$

歐拉
（Leonhard Euler，1707～1783）

## 歐拉的二次式

歐拉二次式的特徵，在於當 $n$ 為1～40時，計算出來的結果接連都是質數。但是當 $n$ 為41以上時，則變成質數和非質數混雜出現。

| $n$ | $n^2 - n + 41$ |
| --- | --- |
| 1 | $1^2 - 1 + 41 = 41$ 質數 |
| 2 | $2^2 - 2 + 41 = 43$ 質數 |
| 3 | $3^2 - 3 + 41 = 47$ 質數 |
| 4 | $4^2 - 4 + 41 = 53$ 質數 |
| 5 | $5^2 - 5 + 41 = 61$ 質數 |
| 6 | $6^2 - 6 + 41 = 71$ 質數 |
| 7 | $7^2 - 7 + 41 = 83$ 質數 |
| 8 | $8^2 - 8 + 41 = 97$ 質數 |
| 9 | $9^2 - 9 + 41 = 113$ 質數 |
| 10 | $10^2 - 10 + 41 = 131$ 質數 |
| 11 | $11^2 - 11 + 41 = 151$ 質數 |
| 12 | $12^2 - 12 + 41 = 173$ 質數 |
| 13 | $13^2 - 13 + 41 = 197$ 質數 |
| 14 | $14^2 - 14 + 41 = 223$ 質數 |
| 15 | $15^2 - 15 + 41 = 251$ 質數 |
| 16 | $16^2 - 16 + 41 = 281$ 質數 |
| 17 | $17^2 - 17 + 41 = 313$ 質數 |
| 18 | $18^2 - 18 + 41 = 347$ 質數 |
| 19 | $19^2 - 19 + 41 = 383$ 質數 |
| 20 | $20^2 - 20 + 41 = 421$ 質數 |
| 21 | $21^2 - 21 + 41 = 461$ 質數 |
| 22 | $22^2 - 22 + 41 = 503$ 質數 |
| 23 | $23^2 - 23 + 41 = 547$ 質數 |
| 24 | $24^2 - 24 + 41 = 593$ 質數 |
| 25 | $25^2 - 25 + 41 = 641$ 質數 |
| 26 | $26^2 - 26 + 41 = 691$ 質數 |
| 27 | $27^2 - 27 + 41 = 743$ 質數 |
| 28 | $28^2 - 28 + 41 = 797$ 質數 |
| 29 | $29^2 - 29 + 41 = 853$ 質數 |
| 30 | $30^2 - 30 + 41 = 911$ 質數 |
| 31 | $31^2 - 31 + 41 = 971$ 質數 |
| 32 | $32^2 - 32 + 41 = 1033$ 質數 |
| 33 | $33^2 - 33 + 41 = 1097$ 質數 |
| 34 | $34^2 - 34 + 41 = 1163$ 質數 |
| 35 | $35^2 - 35 + 41 = 1231$ 質數 |
| 36 | $36^2 - 36 + 41 = 1301$ 質數 |
| 37 | $37^2 - 37 + 41 = 1373$ 質數 |
| 38 | $38^2 - 38 + 41 = 1447$ 質數 |
| 39 | $39^2 - 39 + 41 = 1523$ 質數 |
| 40 | $40^2 - 40 + 41 = 1601$ 質數 |
| 41 | $41^2 - 41 + 41 = 1681$ 不是質數 |
| 42 | $42^2 - 42 + 41 = 1763$ 不是質數 |
| 43 | $43^2 - 43 + 41 = 1847$ 質數 |
| 44 | $44^2 - 44 + 41 = 1933$ 質數 |
| 45 | $45^2 - 45 + 41 = 2021$ 不是質數 |

# 這是1281位數的「梅森質數」！

## 沒有受到注目的「不走運」質數

能夠製造出所有質數的式子，或只製造出部分質數的式子，到現在都還沒有出現。但是，能製造出梅森數的「$2^n-1$」這個式子，卻被用來試圖找出最大的質數。因為只要利用「盧卡斯－萊默質數判定法」，就能判定這個梅森數是不是質數。

在1952年，美國數學家魯賓遜（R.M. Robinson，1911～1995）第一次用電腦發現了157位數的梅森質數（$n=521$）。1961年，另一位美國數學家赫維茲（Alexander Hurwitz），幾乎在同一時候發現了1281位數（$n=4253$）和1332位數（$n=4423$）的梅森質數。

但是赫維茲先發表了比較大的1332位數的質數，所以另一個比較小的1281位數的質數，自始即無緣成為最大的質數，可說完全沒有享受到絲毫的榮耀。

### 1281位數的梅森質數

右頁為以$2^{4253}-1$計算得出的1281位數的梅森質數。

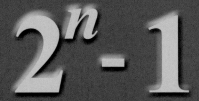

$$2^n-1$$

19079700752443907380746804296952917366935699474994017 7

39474188267352897978700505370636804983551490024430349 5

95495070972576218631122414882881192021690454220696074 4

66616936422119528953843684539025016866393283880519205 5

13715439091266652753300730929268753909225704336251785 7

36662469997540237546295449029325923330313733064353155 6

53973992192620143860643902007517472302905683827250505 1

57196759460835006340449597766056269020823960825567012

34418990892795664601199805798854863010763738099351982 6

58238978188135705408653045219655801758081251164080554

609057468028203308718724654081055323215860189611391296

030471108443146745671967766308925858547271507311563765

17100831824864711009761489031356285654178415488174314 6

03390960273794738505535596033185561454090008145637865 9

06837031726769698000118775099549109035010841705091799 1

56216797228107016130597251804487204833130638371509485 4

93841573854989460607072258473797817668642213434526989

44302835364403718737538539783825951183316641613432369 5

66036767689772228791877342096898232608902615003151542 4

16546211133752743115489066632737492144627683356451977 6

79763387550354866509391455648203148224888312702377703 9

66770797655985733335701372734207909906440045574183065 4

32037935083332362458193488240647835856929248810219783 32

974949906122664421376034687815350484991

# 現今已知最大的質數有2486萬2048位數！

## 由全世界的個人電腦使用者共同參與發現的

在 2018年12月，相隔一年終於發現了史上最大的質數。這是一個具有2486萬2048位數，大到難以想像的梅森質數（$n=82589933$）。和上次發現的最大質數相比，約大了161萬位數。

事實上，自1996年11月開始，就有人成立了一項命名為「GIMPS」（Great Internet Mersenne Prime Search，網際網路梅森質數大搜尋）的計畫，藉此不斷更新最大的質數。這項計畫邀請了全世界的個人電腦使用者，提供電腦空餘的計算能力，透過網際網路共同運作，為求發現極大的梅森質數。這次發現最大質數的拿路茲（Patrick Laroche），就是這項計畫的一員。

任何人都可以參加GIMPS。有興趣不妨前往GIMPS的網站一探究竟。

（GIMPS的網站：http://www.mersenne.org/）

### 梅森數

右表為梅森數與質數的關係。截至2020年11月為止，已經確認最大的梅森質數是 $n$ 為82589933的時候。

$$2^n-1$$

## 梅森數與質數

| $n$ | $2^n-1$　[質數後面的（　　）為發現的年份] |
|---|---|
| 1 | $2^1-1 = 1$　不是質數 |
| 2 | $2^2-1 = 3$　質數（古代） |
| 3 | $2^3-1 = 7$　質數（古代） |
| 4 | $2^4-1 = 15$　不是質數 |
| 5 | $2^5-1 = 31$　質數（古代） |
| 6 | $2^6-1 = 63$　不是質數 |
| 7 | $2^7-1 = 127$　質數（古代） |
| 8 | $2^8-1 = 255$　不是質數 |
| 9 | $2^9-1 = 511$　不是質數 |
| 10 | $2^{10}-1 = 1023$　不是質數 |
| 11 | $2^{11}-1 = 2047$　不是質數 |
| 12 | $2^{12}-1 = 4095$　不是質數 |
| 13 | $2^{13}-1 = 8191$　質數（1456年） |
| 14 | $2^{14}-1 = 16383$　不是質數 |
| 15 | $2^{15}-1 = 32767$　不是質數 |
| 16 | $2^{16}-1 = 65535$　不是質數 |
| 17 | $2^{17}-1 = 131071$　質數（1588年） |
| 18 | $2^{18}-1 = 262143$　不是質數 |
| 19 | $2^{19}-1 = 524287$　質數（1588年） |
| 31 | $2^{31}-1 = 2147483647$　質數（1772年） |
| 61 | $2^{61}-1 = $（19位數的數）質數（1883年） |
| 67 | $2^{67}-1 = $（21位數的數）不是質數 |
| 89 | $2^{89}-1 = $（27位數的數）質數（1911年） |
| 107 | $2^{107}-1 = $（33位數的數）質數（1914年） |
| 127 | $2^{127}-1 = $（39位數的數）質數（1876年） |
| 257 | $2^{257}-1 = $（78位數的數）不是質數 |
| 521 | $2^{521}-1 = $（157位數的數）質數（1952年） |
| 21701 | $2^{21701}-1 = $（6533位數的數）質數（1978年） |
| 1398269 | $2^{1398269}-1 = $（42萬921位數的數）質數（1996年） |
| 74207281 | $2^{74207281}-1 = $（2233萬8618位數的數）質數（2016年1月） |
| 77232917 | $2^{77232917}-1 = $（2324萬9425位數的數）質數（2017年12月） |
| 82589933 | $2^{82589933}-1 = $（2486萬2048位數的數）質數（2018年12月） |

# 把整數排在圓上以尋找質數吧！

## 質數的出現模式有規律嗎？

把質數從小到大依序排列，可以寫成2、3、5、7、11、13……。這些質數的出現模式有沒有規律呢？若有規律的話，又是什麼樣的規則性呢？

右圖把正整數沿順時針的方向，依序排列成同心圓，稱為「普利希達的質數圓」（Peter Plichta Prime Number Cross）。每24個正整數畫成一個圓，再把質數加上黃色圓圈。

一眼就能看出，除了2和3之外，質數都位於從圓心往外延伸的粉紅色放射狀直線上。光是這樣，一定會認為質數的出現模式似乎有某種規律吧！但另一方面，粉紅線上的質數出現模式卻好像沒有什麼規律性。

事實上，質數的出現模式是否具有規律性，目前還不知道。

### 普利希達的質數圓

質數會都集中在粉紅色放射狀直線上，是因為位於藍色放射狀直線上的整數，全部都是 2 的倍數或 3 的倍數。因此，並不是因為它的出現模式具有什麼規律性。

381
357
333
356
260
236
21
31 307 283 259 235 211
18
306 282 258 234 210 186
185
209 233 257 281
29 305
201
232
256
280
304
328
352
6
279

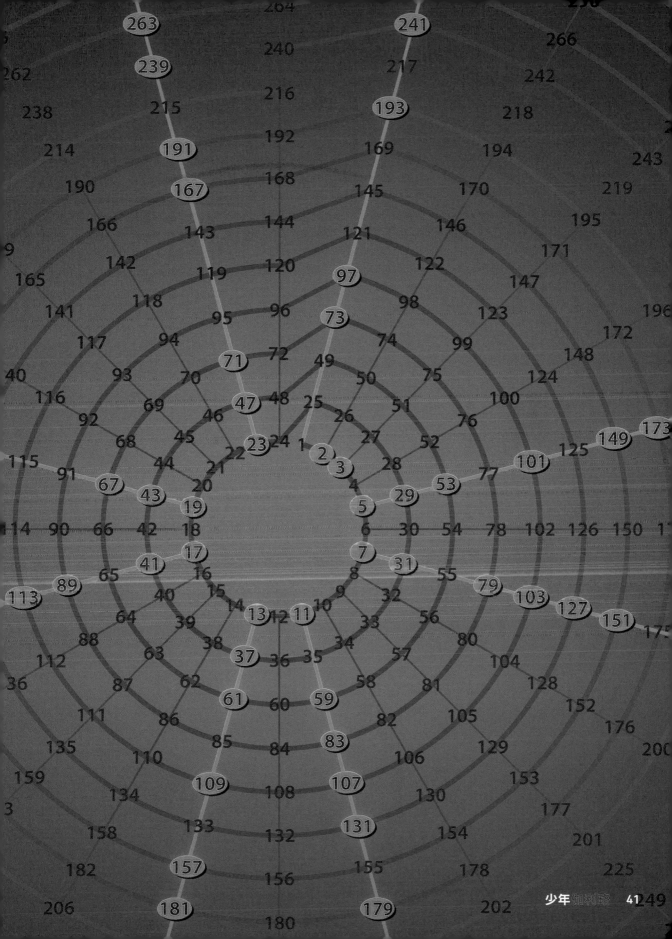

# 數學家烏拉姆在會議中信手寫下的塗鴉

把整數排列成螺旋狀，再把質數加上記號

傳說美籍波蘭猶太裔數學家烏拉姆（Stanisław Ulam，1909～1984）在某次會議上，為了排遣無聊，隨手塗鴉把正整數排列成螺旋狀。

烏拉姆以 1 為圓心，把正整數繞著 1 沿逆時針方向依序排列成螺旋狀。然後，把質數加上記號。

右邊的插圖是把 1～110 的正整

## 烏拉姆的塗鴉

比照烏拉姆的塗鴉方法，把 1 到110的正整數排列成螺旋狀。將質數的背景塗成深藍色。

| 101 | 100 | 99 | 98 | 97 | 96 | 95 | 94 | 93 | 92 | 91 |
| 102 | 65 | 64 | 63 | 62 | 61 | 60 | 59 | 58 | 57 | 90 |
| 103 | 66 | 37 | 36 | 35 | 34 | 33 | 32 | 31 | 56 | 89 |
| 104 | 67 | 38 | 17 | 16 | 15 | 14 | 13 | 30 | 55 | 88 |
| 105 | 68 | 39 | 18 | 5 | 4 | 3 | 12 | 29 | 54 | 87 |
| 106 | 69 | 40 | 19 | 6 | 1 | 2 | 11 | 28 | 53 | 86 |
| 107 | 70 | 41 | 20 | 7 | 8 | 9 | 10 | 27 | 52 | 85 |
| 108 | 71 | 42 | 21 | 22 | 23 | 24 | 25 | 26 | 51 | 84 |
| 109 | 72 | 43 | 44 | 45 | 46 | 47 | 48 | 49 | 50 | 83 |
| 110 | 73 | 74 | 75 | 76 | 77 | 78 | 79 | 80 | 81 | 82 |

# 塗鴉中顯露出不可思議的圖案

## 圖案和質數的出現模式有關係嗎？

**把** 烏拉姆的塗鴉從 1 繼續排列到 150000左右，會成為右頁所示的圖形。紅色方塊為第43頁插圖的範圍。

在烏拉姆的塗鴉中，顯現出許多條斜線及縱橫線所構成的圖案。這個圖案稱為「烏拉姆螺旋」（Ulam's Spiral），也稱為「質數螺旋」（Prime Spiral）。

烏拉姆螺旋和質數的出現模式之間，有沒有什麼關聯呢？這個圖案具有什麼意義呢？目前還不知道。

［繪圖資料提供：沃爾夫勒姆研究公司 （courtesy of Wolfram Research）］

# 「孿生質數」和「性感質數」是什麼樣的質數？

相差 2 的質數對和相差 6 的質數對

**在** 質數的出現模式之中，像「3 和 5」或「11和13」這樣相差 2 的質數對，稱為「孿生質數」（twin prime）或是「雙胞胎質數」。

而像「5 和11」或「7 和13」這樣相差 6 的質數對，稱為「性感質數」（sexy prime）。數字 6 的英文為「six」，但是在拉丁語中則為「sex」，所以把相差 6 的質數稱為性感質數。

5 7

71 73

3 5

179 181

659 661

2339 2341

137 139

17 19

347 349

59 61

281 283

1301 1303

41 43

11 13

7757 7759

101 103

827 829

# 「孿生質數」有無限多個嗎？

## 目前還無法證明

**孿生質數的數量是無限多的嗎？**

在下方的例圖中，以紅字標示出孿生質數。隨著數字越來越大，孿生質數也越來越不容易出現。但是，到什麼時候才會完全不出現孿生質數呢？目前沒有人知道。

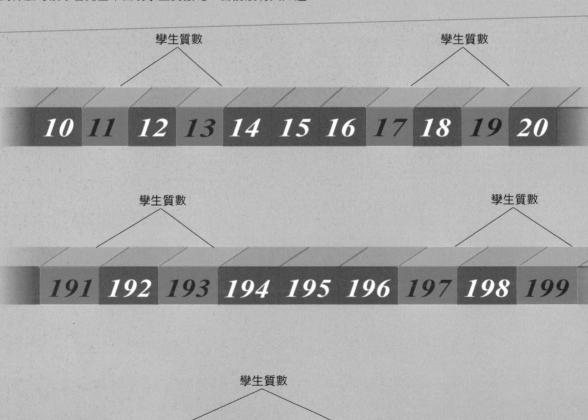

孿生質數       孿生質數

| 10 | 11 | 12 | 13 | 14 | 15 | 16 | 17 | 18 | 19 | 20 |

孿生質數       孿生質數

| 191 | 192 | 193 | 194 | 195 | 196 | 197 | 198 | 199 |

孿生質數

| 1996 | 1997 | 1998 | 1999 | 2000 | 2001 |

**數**字越大，孿生質數出現的頻率就越少，越是疏落。但是，即使到了非常大的數，還是會冒出孿生質數。那麼，孿生質數的數量是無限多的嗎？

截至2019年11月為止，已知的最大孿生質數具有38萬8342位數。

但是，不能否定未來還有發現更大孿生質數的可能性。而且，可能還會出現無限多個。因為數字源源不絕地存在，具有無限多個，所以孿生質數應該也會有無限多個吧？不過，這件事到現在還沒有明確的證明。性感質數也是一樣。

順帶一提，兩數相差1的質數對只有「2和3」，兩數相差3的質數對只有「2和5」。

孿生質數

| 68 | 69 | 70 | 71 | 72 | 73 | 74 | 75 | 76 | 77 | 78 |

孿生質數

| 597 | 598 | 599 | 600 | 601 | 602 | 603 | 604 | 605 |

孿生質數有無限多個嗎？

| 10006 | 10007 | 10008 | 10009 | 10010 | 10011 |

# 4以上的偶數都是 2個質數的和？

## 至少在400兆以下的 偶數是這樣

**德**國（普魯士）的數學家哥德巴赫（Christian Goldbach，1690～1764）猜想，就像「4＝2＋2」、「6＝3＋3」、「8＝5＋3」這樣，是不是4以上的所有偶數，都可以用兩個質數相加的和來表示呢？

如今已經證實，在400兆以下的偶數都符合哥德巴赫猜想（Goldbach conjecture）。不過，是否真的全部偶數都會符合，則尚未被證明。如果你能證明這件事，或許會在數學史上名留青史。

從第40頁讀到現在，各位應該可以明白，質數的出現模式還留存著許多未解之謎。

### 2個質數相加得到的偶數

把質數排列在最上方的橫列和最左邊的直行。在表格中，行和列相交的格子裡，填入由各個質數相加而得到的偶數。若相加的結果為奇數，那個格子則保留空白。在這個表格中，從4以上到36為止的偶數全部出現了。無論把這個表格擴展到多大，每個偶數也應該都會出現吧！

| | 2 | 3 | 5 | 7 | 11 | 13 | 17 | 19 | ... |
|---|---|---|---|---|---|---|---|---|---|
| 2 | 4 | | | | | | | | |
| 3 | | 6 | 8 | 10 | 14 | 16 | 20 | 22 | ... |
| 5 | | | 10 | 12 | 16 | 18 | 22 | 24 | ... |
| 7 | | | | 14 | 18 | 20 | 24 | 26 | ... |
| 11 | | | | | 22 | 24 | 28 | 30 | ... |
| 13 | | | | | | 26 | 30 | 32 | ... |
| 17 | | | | | | | 34 | 36 | ... |
| ⋮ | | | | | | | | ... | ... |

## 第3題

# 為什麼可以確定只有一組「三胞胎質數」?

像「3和5」或「11和13」這樣相差 2 的質數對,稱為「孿生質數」。誠如前頁所介紹的,孿生質數有非常多個。

另一方面,像「3、5、7」這樣相差 2 的 3 個質數組,則稱為「三胞胎質數」或「三生質數」。事實上,三胞胎質數只有「3 和 5 和 7」這一組。為什麼能夠這麼肯定呢?

三胞胎質數

❯ 答案請見第54頁

## 第4題

# 如何找出500以下的全部質數？

把 1～500整數中的質數全部找出來，製成以下的質數表。在這個時候，只要調查哪個數字以下質數的倍數，就能找出所有的質數呢？

接著，把 1～1000整數中的質數製成質數表。在這個時候，只要調查哪個數字以下質數的倍數就行了呢？（提示在第 6 頁）

**1 ～ 500 的質數表**

| 1 | 2 | 3 | 4 | 5 | 6 | 7 | 8 | 9 | 10 | 11 | 12 | 13 | 14 | 15 | 16 | 17 | 18 | 19 | 20 | 21 | 22 | 23 | 24 | 25 |
|---|---|---|---|---|---|---|---|---|---|---|---|---|---|---|---|---|---|---|---|---|---|---|---|---|
| 26 | 27 | 28 | 29 | 30 | 31 | 32 | 33 | 34 | 35 | 36 | 37 | 38 | 39 | 40 | 41 | 42 | 43 | 44 | 45 | 46 | 47 | 48 | 49 | 50 |
| 51 | 52 | 53 | 54 | 55 | 56 | 57 | 58 | 59 | 60 | 61 | 62 | 63 | 64 | 65 | 66 | 67 | 68 | 69 | 70 | 71 | 72 | 73 | 74 | 75 |
| 76 | 77 | 78 | 79 | 80 | 81 | 82 | 83 | 84 | 85 | 86 | 87 | 88 | 89 | 90 | 91 | 92 | 93 | 94 | 95 | 96 | 97 | 98 | 99 | 100 |
| 101 | 102 | 103 | 104 | 105 | 106 | 107 | 108 | 109 | 110 | 111 | 112 | 113 | 114 | 115 | 116 | 117 | 118 | 119 | 120 | 121 | 122 | 123 | 124 | 125 |
| 126 | 127 | 128 | 129 | 130 | 131 | 132 | 133 | 134 | 135 | 136 | 137 | 138 | 139 | 140 | 141 | 142 | 143 | 144 | 145 | 146 | 147 | 148 | 149 | 150 |
| 151 | 152 | 153 | 154 | 155 | 156 | 157 | 158 | 159 | 160 | 161 | 162 | 163 | 164 | 165 | 166 | 167 | 168 | 169 | 170 | 171 | 172 | 173 | 174 | 175 |
| 176 | 177 | 178 | 179 | 180 | 181 | 182 | 183 | 184 | 185 | 186 | 187 | 188 | 189 | 190 | 191 | 192 | 193 | 194 | 195 | 196 | 197 | 198 | 199 | 200 |
| 201 | 202 | 203 | 204 | 205 | 206 | 207 | 208 | 209 | 210 | 211 | 212 | 213 | 214 | 215 | 216 | 217 | 218 | 219 | 220 | 221 | 222 | 223 | 224 | 225 |
| 226 | 227 | 228 | 229 | 230 | 231 | 232 | 233 | 234 | 235 | 236 | 237 | 238 | 239 | 240 | 241 | 242 | 243 | 244 | 245 | 246 | 247 | 248 | 249 | 250 |
| 251 | 252 | 253 | 254 | 255 | 256 | 257 | 258 | 259 | 260 | 261 | 262 | 263 | 264 | 265 | 266 | 267 | 268 | 269 | 270 | 271 | 272 | 273 | 274 | 275 |
| 276 | 277 | 278 | 279 | 280 | 281 | 282 | 283 | 284 | 285 | 286 | 287 | 288 | 289 | 290 | 291 | 292 | 293 | 294 | 295 | 296 | 297 | 298 | 299 | 300 |
| 301 | 302 | 303 | 304 | 305 | 306 | 307 | 308 | 309 | 310 | 311 | 312 | 313 | 314 | 315 | 316 | 317 | 318 | 319 | 320 | 321 | 322 | 323 | 324 | 325 |
| 326 | 327 | 328 | 329 | 330 | 331 | 332 | 333 | 334 | 335 | 336 | 337 | 338 | 339 | 340 | 341 | 342 | 343 | 344 | 345 | 346 | 347 | 348 | 349 | 350 |
| 351 | 352 | 353 | 354 | 355 | 356 | 357 | 358 | 359 | 360 | 361 | 362 | 363 | 364 | 365 | 366 | 367 | 368 | 369 | 370 | 371 | 372 | 373 | 374 | 375 |
| 376 | 377 | 378 | 379 | 380 | 381 | 382 | 383 | 384 | 385 | 386 | 387 | 388 | 389 | 390 | 391 | 392 | 393 | 394 | 395 | 396 | 397 | 398 | 399 | 400 |
| 401 | 402 | 403 | 404 | 405 | 406 | 407 | 408 | 409 | 410 | 411 | 412 | 413 | 414 | 415 | 416 | 417 | 418 | 419 | 420 | 421 | 422 | 423 | 424 | 425 |
| 426 | 427 | 428 | 429 | 430 | 431 | 432 | 433 | 434 | 435 | 436 | 437 | 438 | 439 | 440 | 441 | 442 | 443 | 444 | 445 | 446 | 447 | 448 | 449 | 450 |
| 451 | 452 | 453 | 454 | 455 | 456 | 457 | 458 | 459 | 460 | 461 | 462 | 463 | 464 | 465 | 466 | 467 | 468 | 469 | 470 | 471 | 472 | 473 | 474 | 475 |
| 476 | 477 | 478 | 479 | 480 | 481 | 482 | 483 | 484 | 485 | 486 | 487 | 488 | 489 | 490 | 491 | 492 | 493 | 494 | 495 | 496 | 497 | 498 | 499 | 500 |

▶ 答案請見第55頁

## 解答 第3題

假設相差 2 的 3 個質數的組合為「$p$, $p+2$, $p+4$」。

思考一下把這 3 個質數分別除以 3 時的餘數組合，則這 3 個質數之中必定有一個的餘數為 0，亦即可被 3 整除。也就是說，這 3 個質數之中的某一個數必定是 3 的倍數，所以這個數不是質數。

在所有的質數之中，只有 3 是 3 的倍數，所以三胞胎質數組只有「3 和 5 和 7」這一組。

把 3 個質數「p, p+2, p+4」分別除以 3 時的餘數組合

|  | $p \div 3$ 的餘數 | $(p + 2) \div 3$ 的餘數 | $(p + 4) \div 3$ 的餘數 |
|---|---|---|---|
| 組合 A | 0（整除） | 2 | 1 |
| 組合 B | 1 | 0（整除） | 2 |
| 組合 C | 2 | 1 | 0（整除） |

## 解答　第4題

想把 1～500整數之中的質數全部找出來，只要調查500的平方根（乘上 2 次方則回復原來的數）以下的質數的倍數就行了。500的平方根大約是22.36，所以只要調查19以下的質數的倍數，就能找出所有的質數。

再來，如果想把 1～1000整數之中的質數全部找出來，因為1000的平方根大約為31.62，所以只要調查31以下的質數的倍數，就能找出所有的質數。

### 1～1000 的質數表

# 雖然是質數，卻又不是質數!?

**前** 面說過，質數的定義是「除了 1 及該數本身以外，沒有其他因數」。依照這個定義，2、5、13、17、29、37 都是質數。但是，這些數在複數（含有虛數的數）的世界裡，並非質數。

所謂的虛數，是指「乘上 2 次方會成為－1的數（$i=\sqrt{-1}$）」。而所

使用虛數即可做質數的因數分解

$$2 = (1 + i)(1 - i)$$

$$5 = (2 + i)(2 - i)$$

$$13 = (3 + 2i)(3 - 2i)$$

$$17 = (4 + i)(4 - i)$$

$$29 = (5 + 2i)(5 - 2i)$$

$$37 = (6 + i)(6 - i)$$

謂的複數，是指實數和虛數混合在一起的數。

　但是，5、13、17、29、37與「畢氏三角形」有關。也就是說，它們是三邊長皆為整數的直角三角形的斜邊長。這樣的質數有無限多個。

**畢氏三角形**

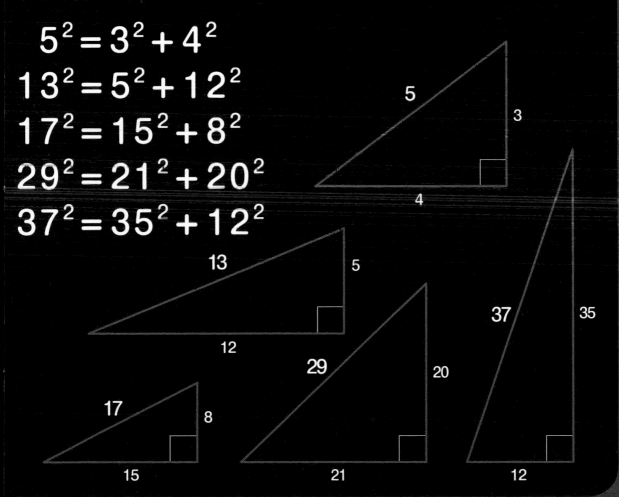

$$5^2 = 3^2 + 4^2$$
$$13^2 = 5^2 + 12^2$$
$$17^2 = 15^2 + 8^2$$
$$29^2 = 21^2 + 20^2$$
$$37^2 = 35^2 + 12^2$$

# 把自然數和質數連結在一起的歐拉

進一步發展而創造出「ζ函數」

**與**質數出現模式有關的問題之中，有一個號稱世紀大懸疑的黎曼猜想（Riemann hypothesis）。在第58～65頁，將會淺顯地介紹一下。

瑞士天才數學家歐拉曾研究過這樣的問題，「把所有自然數乘以 2 次方，再把它們的倒數無限相加，會成為多少？」自然數是指 1 以上的整數，而倒數則是把 1 除以該數所得的數。歐拉在研究的過程中，發現把所有自然數的 2 次方的倒數無限相加後的數學式加以變形，會成為所有質數無限相乘的式子（**A**）。

此外，歐拉也研究了把自然數和質數的關係式進一步發展而成的「ζ函數」（zeta function），ζ讀作截塔。ζ函數是把這個關係式加以變化而衍生的式子，可以用 2 以外的正數、負數、虛數（乘上 2 次方會成為－1的數）等等代入左項的 2 次方（**B**）。黎曼猜想就是與這個ζ函數有關的猜想。

---

### 從自然數與質數的關係式衍生出ζ函數

**A**的左項是把所有自然數的 2 次方的倒數無限相加的式子，右項是把所有出現的質數無限相乘的式子。

把 **A** 左項的 2 次方部分，變化成可以用各種數代入的樣子，即成為 **B** 的ζ函數。ζ函數與右項這個以等號連結的數式，稱為「歐拉乘積」（Euler product）。

## A. 自然數與質數的關係式

$$1 + \frac{1}{2^2} + \frac{1}{3^2} + \frac{1}{4^2} + \frac{1}{5^2} + \frac{1}{6^2} + \frac{1}{7^2} + \cdots$$

$$= \frac{1}{\left(1-\frac{1}{2^2}\right)} \times \frac{1}{\left(1-\frac{1}{3^2}\right)} \times \frac{1}{\left(1-\frac{1}{5^2}\right)} \times \frac{1}{\left(1-\frac{1}{7^2}\right)} \times \frac{1}{\left(1-\frac{1}{11^2}\right)} \times \cdots$$

## B. ζ 函數與歐拉乘積

ζ 函數

$$\zeta(s) = 1 + \frac{1}{2^s} + \frac{1}{3^s} + \frac{1}{4^s} + \frac{1}{5^s} + \frac{1}{6^s} + \frac{1}{7^s} + \cdots$$

$$= \frac{1}{\left(1-\frac{1}{2^s}\right)} \times \frac{1}{\left(1-\frac{1}{3^s}\right)} \times \frac{1}{\left(1-\frac{1}{5^s}\right)} \times \frac{1}{\left(1-\frac{1}{7^s}\right)} \times \frac{1}{\left(1-\frac{1}{11^s}\right)} \times \cdots$$

歐拉乘積

# 到某個整數為止，共有幾個質數？

## 高斯注意到了質數的個數

**德**國數學家高斯（Carl Friedrich Gauss，1777～1855）於1792年察覺，到某個整數 $x$ 為止所含的質數個數，似乎有某種規則存在，於是用數式把它表示出來。這個數式稱為「質數定理」（prime number theorem）。

高斯在僅僅15歲的時候，就專注地觀察質數表，嘗試探討神出鬼沒的質數規則。

為了追蹤高斯的思路，我們來假想一個階梯。在連續的一排整數中，每逢出現一個質數，就往上抬一階。這麼一來，便會像右頁的插圖這樣，階梯的每個台階寬度不一致。如果把這個階梯延伸到更大的數，會變成什麼情形呢？請翻開下一頁探個究竟吧！

### 觀察看看質數的階梯吧！

右頁這個階梯，是依循「在一列整數之中，每逢出現一個質數就往上抬一階」的規則所形成的。在某些地方會出現「41……43……47……」這樣陡升的台階，而在某個地方則會出現「113……127……」這樣平緩的台階，成為不規則高度的階梯。

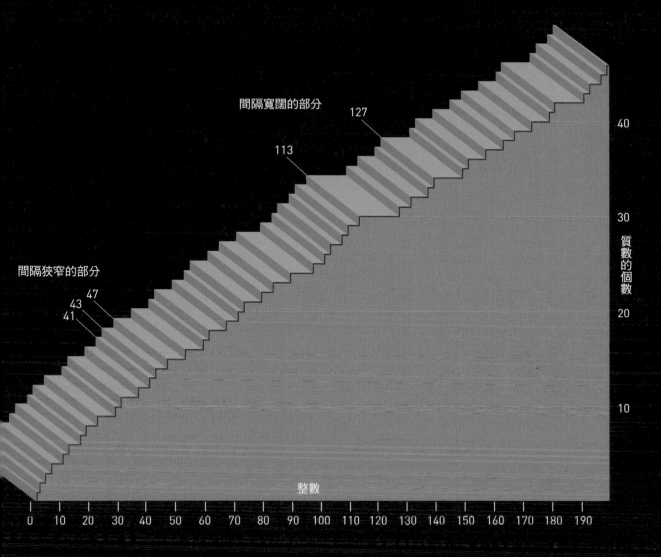

間隔寬闊的部分

127

113

間隔狹窄的部分

47

43

41

質數的個數

40

30

20

10

整數

0 10 20 30 40 50 60 70 80 90 100 110 120 130 140 150 160 170 180 190

## 隨著數愈來愈大，質數出現的頻率會愈來愈低

| 整數的範圍 1 | 1萬 | 2萬 | 3萬 | 4萬 | 5萬 | 6萬 | 7萬 | 8萬 | 9萬 | 10萬 |
|---|---|---|---|---|---|---|---|---|---|---|
| 質數的個數 | 1229個 | 1033個 | 983個 | 958個 | 930個 | 924個 | 878個 | 902個 | 876個 | 879個 |

上面是把1～10萬為止的質數個數，以每1萬做為單位統計而成的表。到1萬為止的質數有1229個，但1萬至2萬之間的質數只有1033個，而2萬至3萬之間的質數又減少到983個。

像這樣，以大範圍來看質數的個數，雖然偶爾會出現質數個數增加的區間，但整體而言，可以發現隨著數字愈來愈大，質數出現的頻率有愈來愈少的傾向。

# 找到了質數的個數法則！

質數的個數能夠以一定的精度計算出來

**根**據高斯的質數定理，把第61頁的階梯延伸到極大的數，則階梯的高度（質數的個數）會逐漸接近由 $\pi(x) \sim \dfrac{x}{\log_e x}$ 這個數學式子※所導出的圖形高度。而在無限的數，截至該數為止所出現的質數個數，與圖形的高度會趨於一致。

只要利用這個數學式子，到某個整數 $x$ 為止所包含的質數個數，不必一個一個數，就能以一定的精度計算出來。而且，數字越大，精度就越高。高斯完美地發現了質數的個數大致符合這個規則。

**觀察看看質數定理的圖形吧！**

第61頁的質數階梯高度，隨著數字愈來愈大，愈來愈接近右頁的圖形（紅線）。右邊的圖形是從 $\pi(x) \sim \dfrac{x}{\log_e x}$ 這個數學式子導出來的。

※：「$\pi(x)$」這個函數是表示到某個整數 $x$ 為止所包含的約略質數個數；「$\sim$」是表示幾乎相等的符號；「$\log_e x$」是表示「把 $e$ 乘上幾次方會成為 $x$」的符號，稱為「自然對數」；「$e$」稱為「自然對數的底」，是一個無限不循環小數，數值約為 2.718。

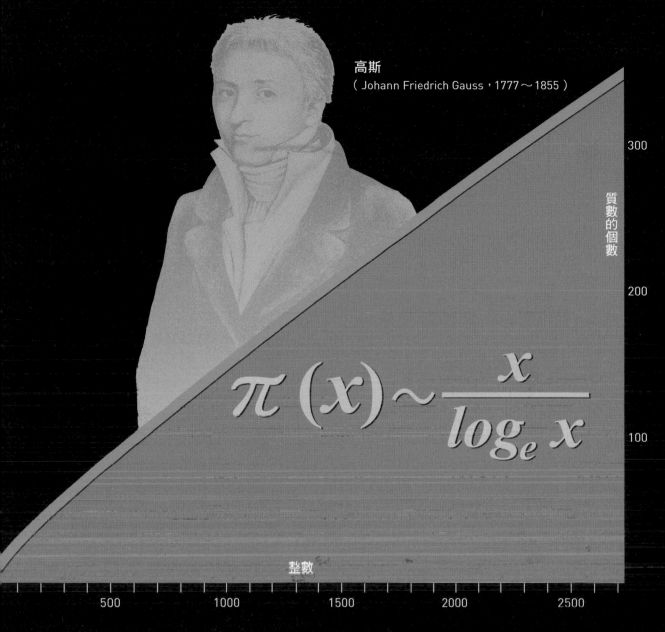

高斯
（Johann Friedrich Gauss，1777〜1855）

質數的個數

$$\pi\left(x\right)\sim\frac{x}{\log_{e} x}$$

整數

300

200

100

500　　　1000　　　1500　　　2000　　　2500

## 利用質數定理計算出質數的數量

| 整數 $x$ | 整數 $x$ 為止所包含的質數數量 | |
| --- | --- | --- |
| | 利用質數定理計算的結果 | 實際的數量 |
| 100 | 約 22 | 25 |
| 1000 | 約 145 | 168 |
| 10000 | 約 1086 | 1229 |
| 100000 | 約 8686 | 9592 |
| 1000000 | 約 72382 | 78498 |
| 10000000 | 約 620420 | 664579 |
| 100000000 | 約 5428681 | 5761455 |

左表是「到整數 $x$ 為止所包含的質數個數」比較表，一欄是利用質數定理計算的結果，一欄是實際的個數。觀察這個表格可知，利用質數定理計算的結果和實際的個數大致相等。目前已經證明了，數字越大，兩者的值越接近，到無限的數，兩者的值會趨於一致。

# 數學家黎曼的猜想是什麼？

## 目前還無法證明這個猜想是否正確

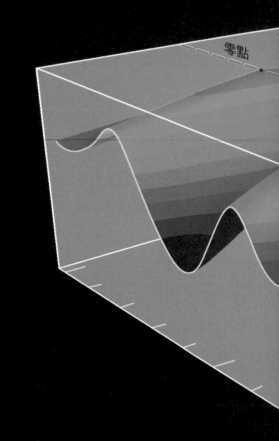

零點

**在** 想要證明高斯的質數定理的眾人當中，有一位就是德國的數學家黎曼（Bernhard Riemann，1826～1866）。以下就極為淺顯地介紹一下黎曼猜想。

黎曼在1859年把ζ函數（第58頁）中S次方的S用複數※代入，並主張如果自己的假設正確的話，就能證明質數定理。黎曼便假設「ζ函數的非平凡零點的實數部分為$\frac{1}{2}$，這個假設稱為「黎曼猜想」。在此情況下，非平凡零點是指S不為—2、—4、—6、……等點的值。

一般認為，如果質數的出現模式沒有規律性，那黎曼猜想就是正確的。但是，從黎曼提出這個猜想到現在已經超過150年，仍然無法證明黎曼猜想是否正確。黎曼猜想可以說是全球數學家絞盡腦汁爭相研究的難題中，尤為困難的難題，有「猜想界皇冠」之稱。

［繪圖資料提供：
　沃爾夫勒姆研究公司（courtesy of Wolfram Research）］

※：以「$a+bi$」形式表示的數稱為「複數」。由實數部分的$a$和虛數部分 的$bi$所構成。$a$和$b$為
　　實數，$i$為虛數單位（乘上2次方會等於—1的數）。

## 將黎曼猜想化為圖形

下圖將黎曼 ζ 函數的一部分畫成圖形。黎曼的 ζ 函數是把「S 次方」的 S 用複數（a+bi）代入。圖形高度的軸為 ζ 函數的值，紅點為「ζ 函數的非平凡零點」。高度方向的軸設定為越往下值越大，以便容易看見零點。圖形中的黃色虛線為「實數部分為 $\frac{1}{2}$」的地方。也就是說，「ζ 函數的非平凡零點的實數部分為 $\frac{1}{2}$」這個黎曼猜想，如果利用下方的圖形來看，紅點就會位於黃色的虛線上。

$$\zeta(s) = 1 + \frac{1}{2^s} + \frac{1}{3^s} + \frac{1}{4^s} + \frac{1}{5^s} + \frac{1}{6^s} + \frac{1}{7^s} + \cdots$$

$$= \frac{1}{\left(1-\frac{1}{2^s}\right)} \times \frac{1}{\left(1-\frac{1}{3^s}\right)} \times \frac{1}{\left(1-\frac{1}{5^s}\right)} \times \frac{1}{\left(1-\frac{1}{7^s}\right)} \times \frac{1}{\left(1-\frac{1}{11^s}\right)} \times \cdots$$

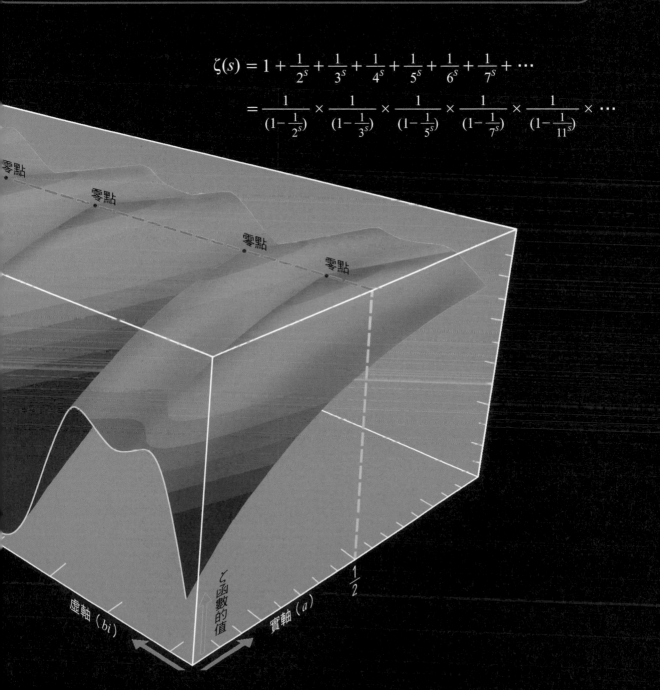

# 千禧年大獎難題是哪些難題？

**所**謂的千禧年大獎難題（millennium prize problems），是指美國民間機構克雷數學研究所（Clay Mathematics Institute，CMI）於2000年5月24日發布的七道難題，這七道難題都是數學界中非常重要但還沒有獲得證明的懸疑問題。第64～65頁介紹的黎曼猜想，也是這七道難題其中之一。

這七道難題分別是①楊－密爾斯存在性與質量間隙問題、②黎曼猜想、③P≠NP猜想、④納維－斯托克斯方程式的解的存在性與光滑性、⑤霍奇猜想、⑥龐加萊猜想和⑦貝赫和斯維納通－戴爾猜想。

證明這些難題的人，將可獲得每道難題100萬美元（約3000萬新台幣）的獎金。

順帶一提，克雷數學研究所於2010年3月18日宣布，俄羅斯天才數學家佩雷爾曼（Grigori Yakovlevich Perelman，1966～）證明了⑥龐加萊猜想。但是，佩雷爾曼拒絕領取獎金。

七道千禧年大獎難題

①楊－密爾斯存在性與質量間隙
　問題

②黎曼猜想

③Ｐ ≠ NP 猜想

④納維－斯托克斯方程式的解的
　存在性與光滑性

⑤霍奇猜想

⑥龐加萊猜想

⑦貝赫和斯維納通－戴爾猜想

# 現代的密碼中運用了質數

## 在網路上用「RSA加密演算法」把資訊轉化為密碼

### 從古代就被使用的各種密碼

「密碼棒」（scytale）和「凱撒密碼」（Caesar cipher）都是把文字轉譯編成密碼。如果需要把密碼編造得更為複雜，則必須使用「密碼表」或「恩尼格瑪密碼機」（Enigma）等等，把文字用其他文字代替。到了現代，則大多採用「RSA加密演算法」，利用極大的質數來編造密碼。

**誠** 如前面所言，質數的普遍性質尚未全部闡明，仍留下許多未解謎題。甚至，當一個整數相當大的時候，連該整數是不是質數，都無法輕易地判別。

而極大的質數便能應用在把資訊轉化為密碼的加密技術上。例如，在網路上把資訊加密傳送時所運用的「RSA加密演算法」。所謂的密碼，是指為了保持資訊內容的祕密性，而加上或轉化為只有當事人之間才知道其意義的特殊文字或符號、文章等等。

從西元前，人們就懂得運用密碼做為戰爭時的通訊方式等等。本書的最後章節將會介紹一項現代社會不可或缺的加密技術——那就是利用質數的RSA加密演算法。

1977年，任職於美國麻省理工學院的李維斯特（Ron Rivest）、薩莫爾（Adi Shamir）和阿德曼（Leonard Adleman）一起提出了這項加密技術。RSA就是以他們三人的姓氏開頭字母而命名。

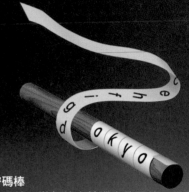

**密碼棒**
西元前5世紀的古希臘人使用的一種密碼裝置。把寫著密碼的皮革一點一點地纏繞在子上，就可以顯現出原來的單字或句子。於戰爭時傳送軍令，是現存最古老的密碼一。

**羅塞塔石碑**
古埃及的象形文字「聖書體」（hieroglyph）對後世的人來說，就相當於一種密碼。

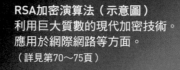

**RSA加密演算法（示意圖）**
利用巨大質數的現代加密技術。
應用於網際網路等方面。
（詳見第70～75頁）

**凱撒密碼**
西元前 1 世紀的古羅馬所用的密
碼，以移轉文字的方式構成。把
所有文字（字母）都挪移幾個文
字，藉此把原來的文字編造成密
碼。用於戰爭時傳送訊息。

**恩尼格瑪密碼機**
1918年德國開發的密碼編
造機，於第二次世界大戰
中使用。像打字機一樣，
把原來的文字打入，就會
自動編造成複雜的密碼。
後被知名的英國數學家圖
靈所破解。

**密碼表**
16世紀應用於法國所設計的「維吉尼亞
密碼」（Vigenère cipher）等等。把原
來的文字依照這個表置換成其他文字，
進而編造成密碼。

# 用兩個質數打造「鑰匙」

### 乘法很容易，質因數分解很困難

RSA加密演算法是「把兩個巨大質數相乘而成的極大整數」做為「鑰匙」，藉此把重要資訊加密的技術。如果不知道這個「鑰匙」是由什麼質數相乘而得，就無法把密碼回復成原來的資訊。

RSA加密演算法的「鑰匙」，是指例如「38,724,229」這樣的整數。你知道這個整數究竟是由什麼質數相乘而得的嗎？

「38,724,229」是由「4,391」和「8,819」這兩個質數相乘得出來的。把兩個質數相乘，打造出38,724,229這個「鑰匙」很容易。但是，想要知道38,724,229這個「鑰匙」是由什麼質數相乘來的，可就難了。因為，要把由兩個巨大質數相乘而得的極大整數，再做質因數分解，回復成為原來的兩個巨大質因數，是一件非常困難的事。RSA加密演算法就是利用了這個性質。

### RSA加密演算法的鑰匙，是把兩個巨大質數相乘而得的極大整數

把兩個巨大質數相乘，很容易就可以完成。但是，要把由兩個巨大質數相乘而得的極大整數，做質因數分解回到原來的兩個巨大質因數，則是一件非常困難的事。

現在RSA加密演算法所使用的兩個巨大質數，大約有300位數。把兩個巨大質數相乘而得的極大整數，就大約會有600位數。

巨大質數

巨大質數

**4,391**

**8,819**

相乘
（容易）

質因數分解
（困難）

**38,724,229**

把兩個巨大質數相乘而得的極大整數

# 把信用卡號碼轉化為密碼的方法

## 使用任何人都能取得的「公鑰」

**把信用卡號碼轉化為密碼再傳送的方法**
向網路商店購物的消費者使用「公鑰」，把信用卡號碼轉化為密碼再傳送（1～2）。

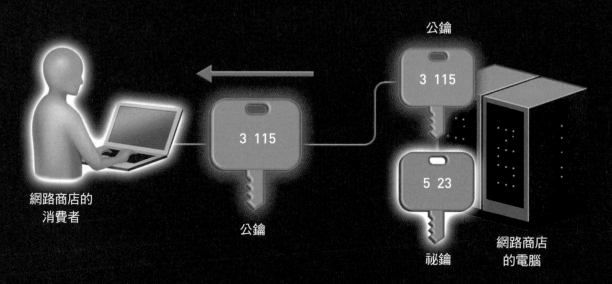

公鑰

3 115

公鑰

3 115

5 23

網路商店的
消費者

公鑰

祕鑰

網路商店
的電腦

### 1. 消費者取得「公鑰」

網路商店的消費者從網路商店的電腦取得「公鑰」。公鑰由 $m$（此處為 3）和 $n$（此處為115）這兩個整數組成。任何人都可以從網路商店的電腦取得「公鑰」。

在網路商店的電腦中，除了「公鑰」之外，還有不公開的「祕鑰」（私鑰）。祕鑰由 $p$（此處為5）和 $q$（此處為 23）這兩個質數組成。公鑰的 $n$（115）和祕鑰的 $p$（5）和 $q$（23）之間，具有「$p$ 和 $q$ 的乘積為 $n$」的關係。要把由兩個質數相乘而得的整數，做質因數分解得到原來的那兩個質數，可說是相當困難。而且，如果把數字的位數極大化，那根本不可能把它做質因數分解，所以才會利用它來做加密。

我們來舉個例子，當大家在網路商店購物輸入信用卡號碼時，信用卡號碼會先在消費者的電腦中利用RSA加密演算法轉化為密碼，再傳送出去。

把信用卡號碼轉化為密碼之際所使用的加密工具，是任何人都可以從網路商店的電腦取得的「公開鑰匙」（公鑰）。公鑰由兩個整數組成，其中一個整數即是「兩個巨大質數相乘而得的極大整數」。

下方的插圖中，公鑰由「3」和「115」這兩個整數組成，而「115」是由兩個質數相乘而得的整數。信用卡號碼的「13」利用公鑰的「3」和「115」轉化為密碼「12」，再傳送給店家。

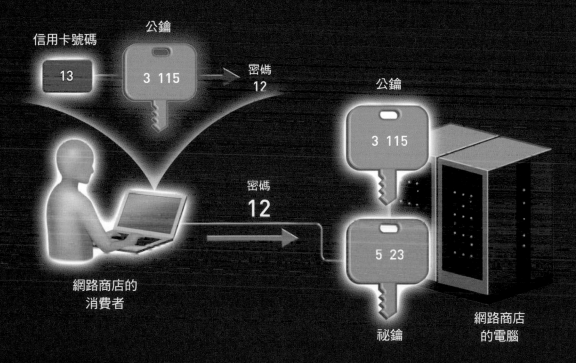

## 2. 使用公鑰把信用卡號碼轉化成「密碼」

網路商店的消費者在自己的電腦中，使用取得的「公鑰」，把信用卡號碼轉化成「密碼」。把信用卡號碼 $G$（13）乘上 $m$ 次方（3 次方），再除以 $n$（115），所得的餘數即為密碼 $X$（12）。

$13^3 \div 115$的商為19，餘數為12。 密碼即為12

再把密碼傳送到網路商店的電腦。

# 把密碼回復成信用卡號碼

## 使用網路商店自行保管的「祕鑰」

**把接收到的密碼回復成信用卡號碼的方法**

在實務上，第三方不可能使用「公鑰」把密碼回復成信用卡號碼（**3**）。網路商店在接收到密碼後，是使用「祕鑰」把密碼回復成信用卡號碼（**4**）。

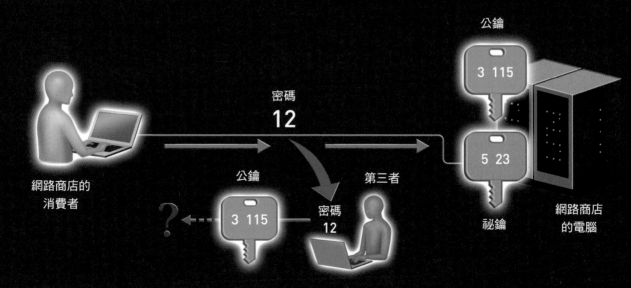

公鑰

3 115

密碼

**12**

5 23

網路商店的
消費者

公鑰

第三者

祕鑰

網路商店
的電腦

3 115

密碼

**12**

### 3. 在實務上，不可能使用公鑰把密碼回復成信用卡號碼

密碼在傳送途中，或許會被懷有惡意的第三方攔截竊取。但是，要把密碼使用公鑰回復成信用卡號碼非常困難。因為，要找出乘上 $m$ 次方（3次方）再除以 $n$（115）所得到的餘數做為密碼 $X$（12）的數（信用卡號碼 $G$），只能把各種數一個一個拿來嘗試。

$1^3 \div 115$ 的商為 0，餘數為 1
$2^3 \div 115$ 的商為 0，餘數為 8
$3^3 \div 115$ 的商為 0，餘數為 27
$4^3 \div 115$ 的商為 0，餘數為 64
⋮

實際的信用卡號碼 $G$，是由14～16位數的數字所構成，而 $n$ 是一個具有約600位數的極大整數，要進行計算必須耗費龐大的時間。

要 把密碼回復成信用卡號碼時，所使用的工具是網路商店自行保管的「祕鑰」。祕鑰由兩個巨大質數構成，這兩個巨大質數相乘而得的極大整數，就是公鑰的兩個整數之一。

在下方的插圖中，祕鑰由「5」和「23」這兩個質數構成，「5」和「23」相乘而得的整數「115」即為公鑰的兩個整數之一。密碼「12」由網路商店的電腦使用祕鑰的「5」和

「23」，回復成信用卡號碼「13」。

使用質數的密碼不只應用在網際網路，也應用在電視的收費頻道節目、國家的機密情報通訊等方面。質數這種難以分辨的性質，在看不到的地方默默支撐著我們的生活。

祕鑰通常是指預先計算好的一個數 $D$（59），但是在這裡，為了讓讀者容易理解巨大質數 $p$ 和 $q$ 的角色，所以把祕鑰設定為 $p$（5）和 $q$（23）。

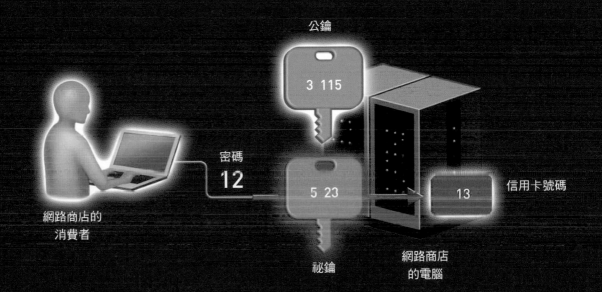

公鑰
3 115

密碼
12

5 23

13 信用卡號碼

網路商店的
消費者

祕鑰

網路商店
的電腦

## 4. 使用「祕鑰」把密碼回復成信用卡號碼

密碼傳送到網路商店的電腦後，使用「祕鑰」回復成信用卡號碼。祕鑰由 $p$（5）和 $q$（23）這兩個質數構成。只要使用 $p$（5）和 $q$（23），即可經由計算求得信用卡號碼 $G$（13）。雖然有點複雜，但大致的過程如下所述。

先求出「$p-1$」（4）和「$q-1$」（22）的乘積為 $S$（88）接著利用「輾轉相除法」（Euclidean algorithm），計算出乘以公鑰的 $m$（3）再除以 $S$（88）可得餘數 1 的數 $D$（59）。這麼一來，密碼 $X$（12）乘上 $D$ 次方（59次方）再除以公鑰的 $n$（115）所得的餘數，即為信用卡號碼 $G$（13）。

「$5-1$」和「$23-1$」的乘積為88。假設 $D \times 3 \div 88$ 的商為 $A$，餘數為 1，則 $D$ 為59。$12^{59} \div 115$ 的餘數為13，所以信用卡號碼為13。

# Coffee Break

# 量子電腦使密碼失去意義

**說**不定再過不久，利用RSA加密演算法所製作的密碼將會面臨重大的威脅。這個威脅就是「量子電腦」（quantum computer）的問世。

傳統的電腦是利用「0」和「1」的二進位法進行計算。二進位法能夠表示 0 或 1 的其中一個狀態，但無法同時表示兩者。而量子電腦則是利用量子論原理的「疊合」性質，藉此能夠同時表示多個狀態。量子電腦的概念和傳統電腦的概念截然不同，所以在做極大整數的質因數分解時，如果使用現在的傳統電腦可能要花上好幾萬年才能完成，但若使用量子電腦，在理論上只要彈指之間就能解決。

如果量子電腦實現了，利用RSA加密演算法所製作的密碼將不再安全。

### 同時處理「0」和「1」

量子電腦利用特殊的「量子位元」（qubit），能同時處理「0」和「1」。因此，傳統電腦必須耗費難以估計的時間才能完成的計算作業，量子電腦只需一轉眼的工夫就解決了。目前，光及超導電路等多種不同形式的量子電腦，正在如火如荼地開發之中。

**質**數的話題在這裡告一段落。只能被 1 及其本身整除的質數，竟然出現了具有好幾萬位數的極大數，真是令人感到不可思議！再加上這樣的巨大質數有無限多個，實在讓人深深感覺到數學世界的深不可測和奧妙。

在網際網路無所不在的現代社會，當我們在網路上傳送及接收重要的資訊時，也會用到這種神奇的質數。

雖然有許多天才數學家為了解開質數的謎題而戮力埋首研究，但質數依舊充滿了未解謎團。希望經由這本書的介紹，能讓各位讀者稍稍體會到質數的無窮魅力。

# 三角函數

## sin、cos、tan

　　雖然上數學課時都有學過，但是應該有不少人只是把它當成咒語一樣死背下來吧！

　　其實自古以來三角函數就和我們的生活有密不可分的關係，是人們非常熟悉的數學工具。

　　而如今許許多多的生活科技，比方說對大家而言絕對不可或缺的智慧型手機和數位相機，也應用了三角函數的技術。

　　現在，歡迎進入非常有趣又深富意義的三角函數世界，更貼近感受一下三角函數的奧妙吧！

# 對數

## 不知不覺中，我們都用到了對數！

　　相信許多人在學校中都學過「對數」。關於對數，您記住了哪些要點呢？或許也有人只要看到對數的符號「log」就感到頭痛！

　　同樣的，當聽到我們並不熟悉的「底數」、「真數」時，也許有人會產生排斥、不想了解的情緒。然而，只要按部就班來學，就會明白對數其實是很方便的工具。對數潛藏著魔法般的力量。

　　在閱讀本書的過程中，相信各位會逐漸發現對數的有趣之處。讓我們一起進入對數的世界吧！

【 少年伽利略 03 】

# 質數
## 讓數學家著迷的神祕之數！

作者／日本Newton Press
執行副總編輯／賴貞秀
翻譯／黃經良
編輯／林庭安
發行人／周元白
出版者／人人出版股份有限公司
地址／231028 新北市新店區寶橋路235巷6弄6號7樓
電話／（02）2918-3366（代表號）
傳真／（02）2914-0000
網址／www.jjp.com.tw
郵政劃撥帳號／16402311 人人出版股份有限公司
製版印刷／長城製版印刷股份有限公司
電話／（02）2918-3366（代表號）
經銷商／聯合發行股份有限公司
電話／（02）2917-8022
香港經銷商／一代匯集
電話／（852）2783-8102
第一版第一刷／2021年4月
第一版第二刷／2022年6月
定價／新台幣250元
　　　港幣83元

國家圖書館出版品預行編目（CIP）資料

質數：讓數學家著迷的神祕之數！
日本Newton Press作；
黃經良翻譯. -- 第一版. --
新北市：人人, 2021.04
面；公分. —（少年伽利略；3）
ISBN 978-986-461-240-6（平裝）
1.數學教育 2.中等教育

524.32　　　　　　　　　　110003059

## Staff

| | |
|---|---|
| Editorial Management | 木村直之 |
| Design Format | 米倉英弘＋川口 匠（細山田デザイン事務所） |
| Editorial Staff | 中村真哉，谷合 稔 |

## Photograph

| | |
|---|---|
| 8〜9 | David J. Ringer/stock.adobe.com |

## Illustration

| | |
|---|---|
| 表紙 | Newton Press |
| 2〜3 | Newton Press |
| 4〜7 | 吉原成行 |
| 10〜29 | Newton Press |
| 30 | 小﨑哲太郎 |
| 32 | Newton Press |
| 34 | 小﨑哲太郎 |
| 40〜71 | Newton Press |
| 72〜75 | 木下真一郎 |
| 76〜77 | Newton Press |

協助者（省略敬稱）
吉村 仁（日本靜岡大學創造科學技術研究所教授）
太田和夫（日本電氣通信大學研究所情報理工學研究科教授）